AF376179
Alexander Armin

Diese Publikation wurde nach bestem Wissen recherchiert und erstellt.

Verlag und Autor können jedoch keinerlei Haftung für die Richtigkeit der Angaben, Ideen, Tipps und Tricks sowie für Sachverhalte übernehmen.

Die publizierten Tipps und Ratschläge sind als Hilfen zu verstehen, um jeweils zu eigenen Lösungen zu gelangen.

Leser dieses Ebooks werden ferner ausdrücklich darauf hinge-wiesen, dass mit diesem Werk weder ein Erfolg versprochen, noch Verantwortung für etwaige Folgen im Zusammenhang mit diesem Buch übernommen werden. Leser sind für die aus diesem Ebook resultierenden Folgen und abgeleiteten Handlungen selbst verantwortlich.

Wer jedoch die in dieser Veröffentlichung enthaltenen Tipps und Ratschläge konsequent anwendet, der wird auch ohne viel Geld prima leben und sich in Zukunft einiges mehr leisten können.

Ich wünsche Ihnen viel Erfolg bei der Umsetzung dieses Ebooks und natürlich, dass bei Ihnen auch viel los ist, obwohl Sie kein „Moos" besitzen!

Inhaltsverzeichnis

Einleitung

„Geiz ist geil", lautet der Slogan einer bekannten Werbung. Wenn man beispielsweise im Internet sucht unter „Kost nix", „Gratis", „Alles umsonst" u.s.w. , dann findet man Homepages mit zahlreichen kostenlosen Angeboten.

„Ichzahlnix.de" ist ein Geheimtipp mit vielen gratis Möglichkeiten. Es gibt Leute, die daraus eine gute Beschäftigung gemacht haben. In ihren Wohnungen stapeln sich Rucksäcke, Kugelschreiber, CD-Player, Bücher, Handtücher, Uhren, Warenproben aller Art und vieles mehr. Es funktioniert wirklich. Oft sind es zwar nur billige Massenartikel. Aber wer clever ist, macht sie im Internet wieder zu Geld.

In einer Zeit, in der der (T)EURO, Benzinpreise und Heizkostennachschläge den Geldbeutel immer leerer machen, lohnt sich das „Gratis abgreifen" allemal. Vor allem seitdem die Preisbindung für Markenartikel gefallen ist, sollten die Deutschen öfter mal den Verbraucher herauskehren. Es lohnt sich nicht nur, um Prozente zu feilschen. Auch die Zugaben, dass Anködern von Kunden ist inzwischen ein beliebter Verkaufstrick. Der potentielle Kunde will schließlich erst einmal gelockt werden. „Anfüttern" nennt man das. So wie man den Fisch mit einem Wurm lockt. Es gibt so viele Möglichkeiten, sich schadlos zu halten und sich durch die Welt zu schnorren. Warum eigentlich nicht?

Wollen Sie wissen, wie Sie kostenlos in New York übernachten können? Oder umsonst in Köln fein essen gehen? Wo Sie Kleidung für lau bekommen? Erfahren, wie Sie sich von jemandem einladen lassen? Oder ein Wochenende lang mit Ihrem Traumauto kostenlos fahren dürfen? Oder wie Sie umsonst jahrelang auf einer Insel wohnen und dafür lediglich nackt turnen müssen?

Zugegeben, manchmal gehört schon eine Menge Dreistigkeit und Mut dazu. Aber das können Sie ja lernen.

So sparen Sie nämlich Ihr eigenes Kapital vielleicht für das, was Sie sich schon lange gewünscht haben. Andere kommen nie dahin, wo Sie schon bald sein werden. Sie greifen die meisten Dinge gratis ab und sparen gleichzeitig dabei – Ihr eigenes, hart erarbeitetes Geld. Im Gegensatz zu Ihren Nachbarn, die für die alltäglichen Kosten des Lebens schuften und sich plagen müssen, liegen Sie auf der faulen Haut und leben von den Anderen.

So machen Sie es. Und lachen sich ins Fäustchen. Oder Sie landen gar den großen Treffer in einem der vielen Gewinnspiele von Kauf-, Möbel- und Autohäusern. Wie sagte doch so treffend der Marketingleiter einer Lebensmittelkette: „Es ist leichter, bei uns ein Auto zu gewinnen als einen Sechser im Lotto zu landen, und das auch noch kostenlos!" Wie es geht, zeigt Ihnen dieses Ebook. Wenn Sie trotz Preissteigerungen und leerer Geldbörse nicht auf die Annehmlichkeiten des Lebens verzichten wollen, dann ist dieses Ebook genau das Richtige für Sie. Und denken Sie immer daran: Der frühe Vogel fängt bekanntlich den Wurm. Wer zuerst kommt, mahlt zuerst. Heißt: Wer zuerst da ist, bekommt auch zuerst etwas – vom „Umsonst-Kuchen"! Also beeilen Sie sich und sichern sich die Rosinen.

Warum nicht auch mal etwas dreister sein?

Nicht jeder ist so nassforsch, dass er einen Fremden auf der Straße anpumpen könnte. Oder ihn darum bittet, mal eben von seinem Handy aus telefonieren zu dürfen. Oder vom Laptop des Nachbarn aus im Internet surfen zu dürfen, um ein paar Mails abzurufen. Eben weil die Meisten so denken und sich vornehm zurückhaltend geben, ergreifen **Sie** die Initiative und landen den Überraschungcoup. Sie nehmen das Heft in die Hand.

Das ist der erste Schritt in ein anderes Leben, in ein besseres – „Alles-Umsonst-Leben"! Das kann man auch trainieren. Fangen Sie klein an. Bitten Sie jemanden, Sie doch ein paar (Kilo-) Meter im Auto mitzunehmen. Ganz Dreiste machen es an der Roten Ampel. Klopfen Sie ans Autofenster und bitten um Mitnahme. Wer sagt da schon nein? Man setzt den Fahrer unter Zugzwang. Jetzt noch lange diskutieren geht nicht. Die Ampel schaltet gleich auf Gelb, der Fahrer scharrt schon mit den Hufen. Und wenn man erst einmal drin ist, setzen Sie noch eins drauf. Bitten Sie den Überrumpelten jetzt, doch einen kleinen Umweg für Sie zu fahren. Sie sind am Drücker, Sie handeln hier. So lernen Sie, auf Kosten anderer Leute zu leben, ohne diesen jedoch zu schaden. Trainieren Sie Ihr selbstbewusstes Ego. Treten Sie sicher und bestimmt auf. Das stößt zwar gemeinhin ab, Sie haben aber immer den Fuß in der Tür. Im Zweifel sehen Sie den Autofahrer sowieso nie wieder. Das müssen Sie sich immer wieder sagen. Das machen auch übrigens viele Geizkragen, wenn sie im Restaurant eine Rechnung bezahlen, natürlich ohne Trinkgeld: Der sieht mich nie wieder! Wenn Sie diesen Stil erst einmal verinnerlicht haben, gelingt Ihnen noch viel mehr. Sie werden so dreist, dass Sie gar auf dem Bahnsteig den Bestohlenen spielen können. Sie bitten Passanten um ein paar Euro für die Bahnfahrt nach Hause zu Ihrer Familie. Die Kinder warten schon auf Sie. Wer kann da schon Ihrem Dackelblick widerstehen. Die paar Euro tun dem Herrn im Nadelstreifenanzug nicht weh. Und schon wieder haben Sie etwas gratis erhalten, ohne in der Fußgängerzone mit dem Hut zu betteln – und ohne einen Finger zu krümmen. Zugegeben, die Hand aufhalten müssen Sie schon. Aber warum nicht, was vergibt man sich dabei schon?

Nutzen Sie Ihren psychologischen Vorteil – und greifen Sie ab, was das Zeug hält. So kommen Sie fein durchs Leben, umsonst. Ohne Moos ist doch sehr viel los!

Weltweites Netzwerk von Freunden

Bauen Sie sich ein Netzwerk von Freunden auf – weltweit. Das ist unbezahlbar, wie Sie gleich feststellen werden. Übers Internet ist es heute so einfach. Es gibt so viele Foren und Chats. Dort treffen Sie Ihre neuen Freunde. Schaffen Sie Vertrautheit, Freundlichkeit. Zeichnen Sie sich als liebenswerten, hilfsbereiten Menschen. Bieten Sie Unterstützung an. Stellen Sie Abhängigkeiten her. Bauen Sie Freundschaften regelrecht auf – von London über New York bis nach San Francisco, Peking und vielleicht auch nach Hawaii oder Bali. Und schon wissen Sie, wo Sie demnächst mal übernachten können, kostenlos natürlich. Es war doch immer schon Ihr Traum, nach Hawaii zu kommen. Nun haben Sie einen Freund auf der Trauminsel. Das ist der erste Schritt zum kostenlosen Übernachten – weltweit! Ein Freundesnetzwerk ist unbezahlbar. In manchen Internet-Chats sind Leute so dreist, die veröffentlichen gar ihren „Reisekalender": Im Januar bin ich in Rio, Februar ist New York an der Reihe, San Francisco folgt danach, eventuell Abstecher nach Hawaii, im Mai beginnt meine Europatour von Paris nach London, der Nahe Osten mit Golf-Anrainern folgt von Juni bis Juli, Peking/Schanghai im August, Oktober Thailand, Hongkong und danach Australien. Die sind so offen und sagen das klar in der Absicht, dass potentielle Freunde, die sie sehen wollen, sich dazwischen schieben müssen. Nun ja, ganz so krass passiert´s nicht alle Tage, aber man kann es ja mal versuchen, etwas dezenter vielleicht. So lebt es sich auf Kosten weltweit lebender Freunde. Denn man hat immer irgendwo gerade ein Bett für Sie frei.

Anzeigenblatt ist Fundgrube

Halten Sie die Augen auf. Das Geld liegt nämlich buchstäblich auf der Straße. Sie müssen nur zugreifen. Nehmen Sie zum Beispiel das kostenlose Anzeigenblatt, das Ihnen jede Woche frei Haus gebracht wird. Lesen Sie es intensiv. Da wimmelt es von Einladungen, Gewinnspielen, Preisausschreiben und Events. Es ist bekanntlich leichter, dort einen guten Treffer zu landen als für teures Geld Lotto zu spielen. Ihr Anzeigenblatt ist eine wahre Fundgrube. Ob die Kirchegemeinde zum Kaffeekränzchen einlädt, der Kindergarten zum Jubiläumsfest oder die Innenstadtgemeinschaft ein Fass aufmacht, Sie sind dabei – für UMSONST versteht sich. Machen Sie beim Sommerpreisrätsel mit und gewinnen Sie eine Urlaubsreise. Gehen Sie zu Stadtfesten, Verkaufsausstellungen, Werbeveranstaltungen oder nehmen Sie an Verlosungen von Büchern, CDs oder Präsentkörben und Anti-Falten-Behandlungen teil. Alles Mögliche wird gerade in Anzeigenblättern beworben. Da gibt es auch Flugtickets und Zugfahrten zu gewinnen, Eintrittskarten für Sport- und Konzertveranstaltungen: Machen Sie sich ein schönes Leben – für lau. Ob neue Produkte von der Auto-Kühlbox bis hin zum Beautypaket oder Neueröffnungen, überall gibt es was abzustauben. Mitnehmen heisst hier die Devise. Und hinterher verticken Sie es für Geld in einer der vielen Internetauktionen.

Die Kröten brauchen Sie doch, um sich das Billigticket nach New York leisten zu können, zu Ihrem Freund, der auf Sie wartet und Sie vielleicht auch noch vom Flughafen abholt. Es gibt tatsächlich Leute, die machen daraus inzwischen eine lukrative Beschäftigung. Bei denen stapelt sich allerlei kostenloser Kram, den sie dann im Internet verhökern. Was soll man auch selbst mit fünf Rucksäcken, drei Edel-Kugelschreiber, Füllfederhalter, Radiowecker, CD-Player sowie Büchern stapelweise anfangen? Wer es geschickt anstellt, verdient anschließend sogar noch am Versand, indem er Verpackung extra berechnet sowie eine kleine Bearbeitungsgebühr draufsattelt. So lebt man umsonst, und das gar nicht mal schlecht.

Das Internet zeigt Ihnen, wie und wo es geht
Nützliche Adressen zum Abstauben

Man muss sich wirklich mal alle möglichen Namen und Schlagwörter einfallen lassen, unter denen man im Internet suchen könnte. Von „Kost nix" über „alles umsonst" bis hin zu „Leben umsonst", „alles für lau" oder „auf Kosten anderer" „Geizkragen", „Gratis", „Sparfuchs" oder einfach „umsonst" in die Suchmaschinen eingeben, und man staunt, was es da alles gibt. Selbst unter „Probchen" oder „Proben" wird man fündig.

Ganz abgesehen von Spezialbegriffen wie „Rezensions-Exemplare" oder „Ansichtsexemplare", „Buchbesprechung", „Gewinnspiele", „Preisausschreiben" und „Wettbewerbe". Das Internet ist ein Füllhorn für Schnorrer, die darauf aus sind, kostenlos durchs Leben zu kommen. Ohne Moos ist hier der Teufel los meine Damen und Herren!

Selbst in der Rubrik „kostenlos wohnen" wird man etwas finden. Suchanfragen wie z.B. „Wer lädt mich ein?" oder „Wer schenkt mir was?" werden sich lohnen. Der Phantasie sind hier keine Grenzen gesetzt. Das moderne Medium Internet zeigt einem sofort, wo es etwas umsonst gibt. Wie man kostenlos durchs Leben kommt. Wie man auf Kosten anderer ganz gut leben kann. Allein unter dem Begriff Schnorrer findet man derzeit fast

3.000 Angebote zu kostenlosen oder sehr günstigen Angeboten. Der Laie wundert sich, was alles geht. Es gibt beispielsweise kostenlos selbst zu gestaltende Visitenkarten. Lediglich auf der Rückseite ist die Webadresse des Sponsors dezent vermerkt.

Natürlich sind dort auch Angebote wie kostenlose Klingeltöne oder der eigene Internetauftritt mit einer kostenlosen Homepage. Klar, im Zeitalter des Internets und wenn die Angebote schon mal von dort her kommen, muss es auch solche Offerten geben. Aber man findet da auch ein Poster mit dem eigenen Bild für umsonst oder Fotoabzüge vom digitalen Bild, Bekleidung und Produktproben. Unter „kostnixx" gibt es gar einen Wegweiser für das World Wide Web über eine breite Palette von Angeboten, die nichts kosten. Man muss es nur noch abrufen.

Schnorrer-Millionär

Wie gesagt, dem Erfindungsreichtum sind keine Grenzen gesetzt. Man muss im Grunde genommen nur seine ganz persönliche Wunschliste zusammenstellen und kann sich dann bedienen. So weit sind wir mit dem Internet schon, dass der „moderne Bettler von Heute" seine Speisekarte selbst bastelt. Worauf haben wir denn heute mal Appetit? Was fehlt uns denn noch zu unserem Glück? Worauf haben wir denn mal Lust? „Haste mal´nen Euro?" war gestern. Wer das zielstrebig konsequent über Jahre anpackt, kann so sogar zum Millionär werden – durch Schnorren und völlig für lau.

Preisausschreiben und Gewinnspiele

„Bei uns ist es leichter, ein Auto zu gewinnen, als im Lotto sechs Richtige zu bekommen, und das auch noch ganz umsonst!" Wer das sagt, muss es wissen. Der Marketingchef einer grossen Lebensmittel-Supermarktkette verlost quer durch Deutschland ständig Autos und Motorroller neben Fahrrädern und Präsentkörben. Die Rechnung ist ganz einfach: Wenn 10.000 oder 15.000 Teilnehmerkarten in die Boxen der Supermärkte eines bestimmten Gebiets eingeworfen werden, so ist die Chance 1 zu 15.000, einen nagelneuen Wagen zu gewinnen. Wenn aber auf den Jackpot 20 oder 30 Millionen Tipper spekulieren, dann sind die Aussichten ungleich geringer. Insofern hat der Mann Recht. Oder nehmen wir den Verkaufsleiter eines Möbelmarktes. „Bei uns ein Auto zu gewinnen oder zu einem Formel 1-Rennen per Hubschrauber eingeflogen zu werden, ist millionenfach einfacher als den Treffer im Lotto zu landen!" Wohl wahr! Und das machen die Möbelhäuser, Supermärkte und Tankstellenketten in Kooperation mit namhaften Firmen. Also bezahlen sie den Wagen nicht einmal selbst, sondern stellen nur ihren Namen und ihre Logistik bereit.

Leute macht mit!

Der Tipp kann also immer nur lauten: Leute macht bei den Preisausschreiben mit. Eure Chancen stehen gar nicht mal so schlecht. Füllt einfach nur die Karten aus. Erhöht Eure Trefferquote, indem Ihr Oma, Opa, Tante, Kinder (über 18 Jahre bei Autogewinnen!) und wen auch immer aus der Familie mitspielen lasst. Oder nehmt mehrmals teil, bei jedem Ladenbesuch so lange der Wettbewerb läuft. Es ist doch sowieso umsonst. Wer allerdings erst gar nicht mitmacht, kann auch kein niegelnagelneues Auto abstauben oder eine Traumreise gewinnen. Konsequent und systematisch alle möglichen Preisausschreiben nutzen! Irgendwann klappts. So kommt man seinem Traum vom neuen Flitzer näher, ganz für lau.

Du hast kaum etwas auf dem Konto, lebst aber wie die mit dem dicken Auto und dem prallen Konto. Und Preisausschreiben, Gewinnspiele sowie Verlosungen gibt es an jeder Ecke. Ob Flyer verteilt werden, Prospekte in Kaufhäusern aller Art ausliegen, an Tankstellen geworben wird, Infotische in Fußgängerzonen sind, Coupons in Magazinen, Beilagen in Tageszeitungen: Augen auf und mitmachen. Es lohnt sich. Ab jetzt werden Sie aufmerksamer durch die Gegend gehen und Ausschau nach jedem Gewinnspiel halten, denn Sie wollen ja prima Leben – ohne Moos!

Keine persönlichen Daten

Aber Achtung: Geben Sie nur das Notwendigste von sich selbst preis, denn oft dienen solche Preisausschreiben auch der reinen Datensammlung. Sie wundern sich, wenn Sie plötzlich einen Anruf bekommen? Sie hatten irgendwann mal eine Karte ausgefüllt. Im Bahnhof vielleicht. Und sie dann in den knapp geöffneten Fensterschlitz Ihres Traumautos eingeworfen. Eine freundliche Stimme am Telefon erinnert Sie daran. „Habe ich etwa gewonnen?" – fragen Sie spontan. „Nein, noch nicht ganz, die Ziehung ist in zwei Tagen!" – heisst es dann meist. Man sei aber schon in der Endrunde. Und so ganz nebenbei will man Ihnen ein Zeitungabo unterjubeln, Vorsicht! Stimmen Sie nicht zu, geben Sie keine Kontodaten heraus. So schnell können Sie gar nicht schauen, wie die abgebucht haben. Verzichten Sie, auch wenn man Ihnen einreden will, die Chance auf den Traumwagen damit aufzugeben. Vergessen Sie es, den Traumwagen gibts nicht. Man will nur an Ihr Geld, das Sie ja sowieso nicht haben. Sie wollen doch an das Geld anderer Leute oder Unternehmen. Also auflegen, auf zum nächsten Preisrätsel, Gewinnspiel oder zur Verlosungsaktion.

Geld beim Rätseln

Beliebt sind auch die Wochenenderätsel in den Tageszeitungen. Der Gewinner erhält 500,- Euro oder einen Präsentkorb. Schneller kommen Sie legal nicht an Geld. Sie müssen lediglich ein großes Kreuzworträtsel lösen. Clevere erraten nur die notwendigsten Kästchen, um schnell an das Lösungswort und an die 500,- Euro zu kommen.

Wie und wo Sie umsonst wohnen können
Wohnung gegen Nacktturnen!

Sie glauben es nicht: Kostenlos wohnen gegen Nacktturnen? Tatsache! Seit 13 Jahren wohnt ein Sportlehrer auf der Insel Usedom völlig kostenlos. Dafür spielt er den Vortuner am FKK-Strand. Kostenlos wohnen gegen Nacktturnen, so geht es auch. Er zeigt den Anhängern der Freikörperkultur, wie man sich auch nackt fit hält. Zugegeben, nicht gerade Jedermann Sache. Aber rechnen Sie mal: 13 Jahre lang schon freies Wohnen, und das auch noch in einem Urlaubsgebiet mit angenehmem Klima. Usedom gilt als die Krim des Nordens mit milden Temperaturen.

Wohnung und Altenbetreuung

Ähnlich werden viele kostenlose Wohnungsangebote vergeben. Sie betreuen eine alte Dame, gehen für sie gelegentlich einkaufen – und erhalten auf ihrem Anwesen eine geräumige Zwei-Zimmer-Wohnung. Sie unterhalten einen älteren Herrn, spielen mit ihm Schach oder gehen spazieren. Dafür wohnen Sie umsonst. Oder Sie spielen den Gärtner und ziehen in das kleine Personalhaus ein, kostenlos. Sie hüten die Hunde und bekommen dafür eine Wohnung für umsonst. So inserierte ein Restbauernhof im wunderschönen Bergischen Land mit

Tierhaltung eine kostenlose Wohnung – gegen Mithilfe bei der Tierfütterung und -betreuung.

Haussitter-Wohnung

Viele Hausbesitzer suchen sich auch für die Urlaubszeit, wenn sie selbst verreisen, jemanden, der ihr Anwesen hütet und darin dann kostenlos wohnt. Sie wollen einfach nur, dass Ihr Haus bewohnt aussieht, mit Licht und offenen Fenstern tagsüber. Manche Villenhaushalte leisten sich Dienstpersonal: Fahrer, Wirtschafterin, Gärtner oder Butler. Selbstverständlich gehört dann dazu auch eine freie Wohnung. Das Personal muß ja schließlich immer in der Nähe sein. Und wenn es nur ein voll eingerichtetes großzügige Zimmer ist.

Wohnungstausch

Beliebt ist auch der Wohnungstausch. Man will irgendwo kostenlos Urlaub machen und tauscht seine Stadtwohnung gegen eine am Strand oder umgekehrt. Nachdem die Mitfahrtzentralen in Mode gekommen waren, etablierten sich auch so genannte Mitwohnzentralen. Während man sonst für ein Zugticket 100 Euro und mehr bezahlt, fährt man im Wagen für eine Spritkostenbeteiligung von vielleicht 20 oder 30 Euro bequem mit. Ähnlich bei den Wohnungen. Gegen einen geringen Obolus wohnt man also mit.

Suchen Sie im Internet

Es gibt spezielle Internetseiten wie www.ask.com, die verschiedene Möglichkeiten, kostenlos zu wohnen, aufzeigen. Oder bei www.premingo.de erhält man als Prämie kostenlos skandinavisches Wohnen. www.Newinthecity.de verlost zum Beispiel ein Jahr kostenloses Wohnen in einem Apartment. Die Fluglinie Emirates offeriert kostenloses Wohnen im Luxushotel. Viele Wohnungsinserate beinhalten kostenloses Wohnen im ersten Monat oder länger. www.gdigest.com zeigt, wie man kostenlos in 148 Ländern der Welt wohnen kann und verspricht die kostenlose Clubmitgliedschaft als Geheimtipp unter den kostenlosen Wohnungsangeboten. Man muss nur wissen, wie. So kommt man an kostenloses Wohnen.
Und dann kann man viel Geld sparen. Denn in Deutschland gehen bekanntlich etwa ein Drittel der Einkünfte nur fürs Wohnen drauf. Miet-Wohnungen sind in Deutschland richtig teuer. Wenn man die spart, hat man einiges frei zur Verfügung, um sich andere Dinge zu leisten.

Garten, Haus, Garage kostenlos geplant

Nach den Kochshows im Fernsehen kamen Casting- und Gesangshows. Nun sind Einrichtungs- und Renovierungsshows der Renner. Ob einer Familie in Not geholfen werden soll oder einfach nur eine Wohnung oder der Garten stilvoll neu geplant werden, das Fernsehen macht es möglich. Da rücken ganze Expertenteams oder Nachbarschaftshilfen an und überraschen die so beschenkten am Ende mit einer tollen Lösung. So ganz nebenbei kann man Handwerkern dabei über die Schultern schauen und etliche Tricks und Kniffe abkupfern. Experten planen, Innenarchitekten stimmen geschmacklich, farblich die neue Einrichtung ab. Ohne allzu großen Aufwand wird aus Alt wieder Neu. Natürlich finden persönliche Vorlieben und Wünsche Berücksichtigung. Sie können sich natürlich bei den Sendern melden. Mit etwas Glück gehören auch Sie zu den Gewinnern einer solchen Planung oder neuen Einrichtung. Versuchen Sie es öfter, geben Sie nicht gleich nach der ersten Absage auf. Ganze (Fertig-) Häuser werden inzwischen in solchen Shows geplant und realisiert, Carports, Gärten, Inneneintrichtungen, Kinderzimmer mit tollen Ideen.

Kostenlos Geld

1000 Euro an einem Abend

Während der Fußballweltmeisterschaft in Deutschland hatte die FIFA das Mitnehmen von Getränken jeder Art in die Stadien verboten. Ob Plastikflaschen mit Wasser oder Bierflaschen aus Glas, ja selbst Getränkedosen waren nicht erlaubt. Aus Angst nämlich, sie könnten als Wurfgeschosse auf dem Spielfeld landen. So kam ein ganz Cleverer an einem einzigen Abend vor der Dortmunder Arena zu einer Einnahme von 1.000 Euro. Er brauchte dafür nur ein paar Plastikmüllbeutel und hielt sie einfach nur auf. Jede Plastikflasche brachte ihm hinter 25 Eurocent.

Verhandeln Sie mit Ihrer Bank

Viele Menschen geraten in die Schuldenfalle. Man hat das Girokonto überzogen, die Kreditkarten bis zum Limit ausgereizt. Und dann kommt da noch unverhofft die dicke Handyrechnung. Verzockt! Sie können plötzlich nicht mehr. Bevor die Banken aber nun gar nichts von Ihnen zurückbekommen, lassen Sie sich meistens auf einen Vergleich ein. Sie müssen Ihre tatsächlichen Vermögensverhältnisse offen legen. Manchmal geben sie sich sogar mit nur 10 oder 20 Prozent der ursprünglichen Summe zufrieden, die sie dann aber sofort bekommen. So sparen Sie dann eine Menge Geld, und die Forderungen der Bank laufen Ihnen nicht jahrelang hinterher. Das ist im Übrigen auch der Job der Schuldenberater, die nichts anderes tun, Sie aus der Schuldenfalle zu holen – und mit Banken, Versicherungen oder Gläubigern verhandeln und am Ende richtig viel Geld für Sie rausholen.

Sparbuch zur Geburt

Sie wundern sich, was alles zur Geburt Ihres Kindes ins Haus flattert. Darunter ist auch der Gutschein einer Bank – über fünf Euro vielleicht nur. Eventuell auch noch der Gutschein einer anderen Bank. Oder wenn Ihre Hausbank nicht dabei ist, gehen Sie doch mit dem Gutschein zu Ihrem Kundenberater: „Haben Sie so etwas auch?" fragen Sie dann ganz dreist. Wenn er Sie als langjährigen Kunden nicht verlieren will, fällt ihm schon was ein. So kommen Sie Geld umsonst!

Kostenlos Geld aufs Sparbuch

Eine Bank warb einmal mit dem Slogan: „25 Euro extra auf Ihrem Sparbuch!" Es funktionierte wirklich. Wer ein Sparbuch eröffnete, und wenn es nur einen Euro Guthaben auswies, bekam 25 Euro von dem Bankinstitut extra drauf. Eine andere Bank warb mit einem Girokonto und Extrabonus von 50 Euro bei Eröffnung. Wer es geschickt macht, eröffnet gleich mehrere Konten für die ganze Familie und kassiert hier kostenlos richtig Bares ab. So kommt man nämlich an Geld für umsonst.

Geld mit Emails

Das Internet macht es möglich. Ganz kuriose Angebote, aber sie funktionieren. Lesen Sie Emails, und Sie bekommen Geld dafür. Zugegeben, Centbeträge. Aber Sie lesen ja schnell. Und bei einem entsprechenden Pensum können Sie auch mehr verdienen. Lesen Sie also regelmäßig und viele Emails, und Sie werden vielleicht nicht reich damit, haben aber eine zusätzliche Geldquelle erschlossen.

Geld mit der eigenen Homepage

Verdienen Sie Geld mit Ihrer eigenen Homepage. Wie? Ganz einfach: Nehmen Sie Links zu anderen Seiten auf. So genannte Werbebanner, oder „Sponsor-Anzeigen" wie beim Werbesystem Google AdSense™. Je öfter diese Sponsor-Anzeigen angeklickt werden, um so mehr verdienen Sie auch, kostenlos so ganz nebenbei, fast wie im Schlaf. Und wer hier clever ist, hat gleich mehrere Pferdchen am Laufen – oder sammelt auf mehreren Homepages sein kostenloses Geld ein.

Nehmen Sie an Umfragen teil

Auch übers Internet: Eine andere Möglichkeit, kostenlos an Geld zu kommen, ist die Teilnahme an Umfragen. Nach einem Punktesystem sammeln Sie für jede Befragung, die Sie mitgemacht haben. Am Ende machen Sie die Punkte zu Euros auf Ihrem Konto. So kommen Sie kostenlos ebenfalls an Geld, eine immer beliebtere Methode übrigens. Schauen Sie im Internet einfach nach, es gibt inzwischen unzählige Angebote solcher Bezahl-Umfragen. „Geld für Umfragen" eingeben, und schon ist „Sesam öffne Dich"!

Werden Sie Produkttester

Mittlerweile bekommen Sie nicht nur Parfüms und Kognak als Produkttester geschenkt. Nein, Sie erhalten sogar Geld dafür, dass Sie neue Produkte testen und sie hinterher bewerten. Sie trinken Cognac oder sprühen sich mit After Shave ein, probieren Suppen oder Schokolade, und füllen hinterher einen Fragebogen aus. Eine lukrative Angelegenheit. Für Ihren zeitlichen Aufwand bekommen Sie hinterher Geld. Schauen Sie ins Internet, dort finden Sie jede Menge Offerten, um so an kostenloses Geld als Produktester zu kommen. Tipp: Besorgen Sie sich dafür eine kostenlose Emailadresse bei einem der vielen kostenlosen Web-Anbietern!

Werden Sie Proband

Was ist ein Proband? Er testet neue Pillen, ganz einfach gesprochen. Es gibt wissenschaftliche Institute, die für die Arzneiindustrie die vorgeschriebenen Testreihen durchführen. Das geht ganz streng und genau. Unter ärztlicher Aufsicht und Betreuung werden Ihnen Wirkstoffe verabreicht, die bald als Pillen auf den Markt kommen sollen. Es werden dabei Nebenwirkungen beobachtet, aber auch die Wirkungen der neuen Medikamente. Exakte Protokolle werden angefertigt. In der Regel sind Sie dafür einige Tage oder Wochen in einer Klinik. Dafür erhalten Sie hinterher Geld, manchmal sehr viel Geld – einige tausend Euro zum Beispiel für 14 Tage. Ferner sind Sie gegen alle möglichen Risiken versichert, bekommen kostenlose Verpflegung und Getränke, ärztliche Betreuung. So kommen Sie schnell zu ganz viel Extrageld, völlig umsonst und legal.

Spenden Sie und verdienen Sie

Ganz lukrativ ist es, als Samenspender an Geld zu kommen. Es gibt wirklich seriöse Firmen, die ständig geeigneten Samen suchen. Viele Männer sind zeugungsunfähig. Sie selbst und ihre Frauen wünschen sich aber Kinder. Oder aber der Samen einiger Männer ist nicht beweglich genug und erreicht nicht das Ei im Mutterleib. Dafür gibt es anonyme Samenspender. Sie müssen bestimmte Kriterien erfüllen, dürfen zum Beispiel nicht krank sein und ein bestimmtes Alter nicht überschreiten. Ihr Samen muß natürlich ok sein. Das wird vorher ausgiebig getestet. Achten Sie darauf, dass die Samenbank seriös ist, also Ihre Daten anonym bleiben und die Mutter nicht hinterher bei Ihnen Unterhaltszahlungen einklagen kann. Auch dürfen Sie in der Regel nur einmal im Monat Samen spenden. Dafür bekommen Sie aber gutes Geld auf die Hand. Auch hier finden Sie entsprechende Adressen im Internet. Bewerben Sie sich, mit etwas Glück braucht man gerade Ihren Samen und Sie bekommen Moos. Dann ist viel los bei Ihnen. Geld umsonst – nun ja, Hand anlegen an sich selbst müssen Sie schon!

Ihr Typ ist gefragt

Manche sehen ja einfach nur schön aus. Das reicht schon, um kostenlos an Geld zu kommen. Na ja, so ganz kostenlos auch wieder nicht. Ihr Gesicht müssen Sie schon ein Weilchen hinhalten. Wie oft sprechen Fotografen ganz normale Leute auf der Straße an. „Sie sehen aber toll aus. Sie könnte ich mir als

Model gut vorstellen!" und drücken den Verdutzten ein Visitenkärtchen in die Hand. Ergreifen Sie die Gelegenheit zum Geldverdienen. Schneller kommen Sie nicht an kostenloses Moos. Aber achten Sie auch hier auf die Seriosität der Angebote. Oft verbergen sich hinter solchen Offerten auch verkappte Spanner oder gestörte Menschen, die nur eins wollen: Ihren Körper sehen, anfassen – möglichst nackt. Klären Sie das vorher. Vielleicht gehen Sie auch nicht allein zum ersten Termin, sondern nehmen noch jemanden mit. Behalten Sie bei solchen Angeboten immer Ihre Schamgrenze, denn man weiß wirklich nicht, wo die Fotos hinterher landen. Möglicherweise tauchen Sie im Internet auf – ein Leben lang dann. Auch das muß vorher geklärt sein. Am besten per schriftlichem Vertrag. Dann kommen Sie aber ganz leicht an Geld für fast umsonst.

Fahrend Geld verdienen

Wenn Sie Werbung auf Ihrem Auto nicht stört, versuchen Sie es doch mal damit. Manche Firmen zahlen dafür so viel Geld, dass Sie damit Ihre Autoversicherung im Jahr begleichen können. So stauben Sie ab und kommen zu Ihrem kostenlosen Extrageld. Aber Vorsicht: Manchmal liegt der Haken im Detail der Verträge. Man versucht Ihnen eine Internetwerbung oder ein Zeitungsabo anzudrehen, um Ihr Fahrzeugmodell irgendwelchen Werbeinteressenten anzubieten. Lassen Sie sich grundsätzlich nie darauf ein, bevor Sie kostenlos ans Geld anderer kommen erst mal eigene Moneten auf den Tisch zu legen. Die sind in der Regel weg, und Sie selbst sehen keinen Cent.

Haushaltsauflösungen

Sie glauben gar nicht, welche Schätzchen manchmal bei Haushaltsauflösungen auftauchen. Eine alte Dame ist verstorben, und die lieben Verwandten wollen sich mit dem Krempel nun wirklich nicht mehr beschäftigen. Nachdem die Erben Bares und Schmuck längst verteilt haben. Sie inserieren im Anzeigenblatt „Haushaltsauflösung, alles umsonst, nur abholen kommen!". Da sind wir doch dabei, sagen Sie sich und stauben ab. Hier können Sie wertvolle Sachen ganz kostenlos bekommen. Manchmal finden Sie eine alte Standuhr aus dem vorigen Jahrhundert, die Ihnen der Antiquitätenhändler vergoldet. Oder einen gut erhaltenen Rokoko-Sekretär. Was glauben Sie, was der noch bringt? Nur Bares ist Wahres, sagen Sie sich und ab damit zum Kunstkenner. Sie laufen geradezu in Höchstform auf, wenn Sie den Dachboden durchstöbern und sehen, was die alte Dame so alles gesammelt hat. So manches Gemälde ist dabei schon aufgetaucht, alte Handschriften, wertvolles Porzellan, Silberlöffel. Vieles werden Sie gegen Moos auf dem Trödelmarkt los – oder wenn Ihnen das zu anstrengend ist: Trödelmarktspezies suchen immer gegen Bezahlung neuen, interessanten Trödel. Schauen Sie in Ihr Anzeigenblatt: „Trödel aller Art gesucht, bezahle gut!" Sie müssen sich einfach mal die Zeit nehmen und alle Rubriken Ihres Anzeigenblatts durchstöbern: „Aufräumen umsonst gegen

Abholen" steht da. So kommen Sie entweder zu neuen Möbeln oder aber zu Sachen, die Sie wiederum zu Geld machen können. So lebt es sich umsonst am besten.

Die „Umsonst-Rubrik"

Manche Leute wollen einfach die alte Waschmaschine, den funktionierenden Kühlschrank oder eine Kommode möglichst schnell und bequem loswerden. Sie haben sich gerade etwas Neues gekauft, nun steht er da, der Platz raubende Schrank. Wohin damit? Natürlich! Im Anzeigenblatt gibts doch die Rubrik „Verschenke", und da können Sie auch noch kostenlos inserieren. Oder der Keller quillt irgendwann einmal über von ausrangierten Teilen. Jetzt wirds aber Zeit, sich mal von ein paar Dingen zu trennen. Und so kommen Sie kostenlos zu neuen Einrichtungsgegenständen. Unter dieser Rubrik finden Sie alles Mögliche, nur zugreifen müssen Sie. Es lohnt sich manchmal wirklich. Da wird Babykleidung kostenlos angeboten, Textilien einer Frau, die nach Fastenkur von Größe 48 auf 36 gerutscht ist. Da bekommen Sie Kinderbekleidung, Bücher, Comics oder Spielzeug umsonst. Die Leute sind manchmal so satt und haben von allem zu viel oder die eigenen Kinder sind aus dem Haus, und schon sind Sie des Zeugs überdrüssig. Greifen Sie zu – für lau. Fahren Sie vorbei, schauen Sie es sich an. Es lohnt sich. Natürlich sind solche Rubriken mit derartigen Angeboten auch in den Tageszeitungen zu finden oder in den kostenlos verteilten Kirchenblättchen. Denken Sie immer daran: Wo kann ich etwas Kostenloses finden?

Sie suchen eine Katze?

Auch in der Rubrik Tiermarkt werden manchmal Tiere verschenkt. Die Katze hat plötzlich Junge bekommen. Wohin damit? „Junges Tigerkätzchen in liebevolle Hände abzugeben" heißt es dann. Oder eine Familie muß sich von ihrem Schäferhund trennen, weil die Kinder eine Tierhaarallergie haben. Sie suchen nur ein liebes Zuhause für ihren Anton – und bieten ihn kostenlos an. Geben vielleicht sogar noch das Bettchen, den Futternapf und das Spielzeug mit. Wer Tierfreund ist, wird im Anzeigenblatt kostenlos das eine oder andere Angebot finden. Man muß nicht für hunderte Euro einen Welpen kaufen, nur die Augen offen halten.

Wie Sie umsonst essen können

Suppenküche

In sozialen Brennpunkten finden Sie Suppenküchen, die täglich eine warme Malzeit an Bedürftige ausgeben, kostenlos. Da gibts manchmal ein komplettes Gericht und Brot dazu sowie ein Glas Wasser und Tee – für lau. Da steht zwar eine Spendenbox. Wer aber nichts hat, kann auch da nichts hineinwerfen. Solche Einrichtungen finanzieren sich aus Spenden. Das Essen wird meist extra im nahe gelegenen Krankenhaus oder einer anderen Großküche zubereitet und frisch angeliefert. Ob

Spaghetti Bolognese oder Erbseneintopf mit Würstchen, die Gerichte wechseln täglich und sind geschmackvoll. Solche Suppenküchen haben Stammpublikum. Gehören Sie einfach mit dazu und bedienen sich kostenlos.

Polterabende sind beliebt

Beliebt sind auch Polterabende. Da kommen Kollegen, Nachbarn, Vereinskameraden – eine schier unüberschaubare Gästeschar. Man wundert sich manchmal, wer einen plötzlich so alles kennt. Es gibt ja Bier und Hochprozentiges reichlich, dazu köstliche Salate, Würstchen und belegte Brote. Dazu open end und Musik, Klamauk und Spaß obendrein. Und wieder einmal kostenlos den Magen so richtig gut bedient – für lau.

Veranstaltungsorte abklappern

Man muß einfach nur einmal an einschlägig bekannten Orten auf die Aushänge achten. „Geschlossene Gesellschaft/ Polterabend" steht dann am Gemeindesaal oder Vereinshaus. „Hochzeit" oder „Junggesellenabschied" heisst es da am Schützen- oder Feuerwehrhaus. Gehen Sie mal vorbei. Irgendwer wird Sie schon einladen oder Ihnen ein Glas Bier in die Hand drücken. Und dann sind Sie schneller mitten drin, als Sie gedacht haben. Feiern Sie einfach mit. Genießen Sie das kostenlose Essen.

Kostenlos essen

Achten Sie besonders auf die offiziellen Eröffnungen von Märkten, Festen und Verkaufsausstellungen. Gehen Sie zu öffentlichen Vernissagen oder Vorträgen. Ein Gläschen gibts immer, dazu was zum Knabbern. Und schon wieder haben Sie sich kostenlos bedient. Da las ich doch kürzlich folgendes: Evangelische Gemeinde lädt zum Gottesdienst mit anschließendem Frühstück ein. Oder: Nach der Messfeier bitten wir zum Empfang mit Umtrunk. Oder: Schützenfest mit Krönungsball, Eintritt frei. Na, da fließt das Bier aber gleich Fässerweise. Und Sie sind schneller eingeladen als Ihnen vielleicht lieb ist.

Gehen Sie zum Richtfest

Ein Geheimtipp sind Richtfeste großer Projekte. Da wird oft richtig und deftig aufgetischt, auch für die Handwerker. Der Richtkranz wird gehisst, der Zimmermann schlägt den letzten Nagel ein, hält einen traditionellen Spruch, kippt den Schnaps runter und zerschmettert das Glas auf der Betondecke. Auf zum Büfett heißt es dann. Solche Richtfeste sind unüberschaubar, also hin. Und wenn Sie noch ´ne alte Zimmermannshose zu Hause haben, gehören Sie sowieso dazu. Zollstock in die Tasche, Hammer in den Gürtel, fertig ist die Verkleidung. Oder marschieren Sie als Pressefuzzi ein. Richtfeste werden meist vorher angekündigt. Oder Sie schauen gelegentlich an Großprojekten vorbei. Wenn etwas aufgeräumt wird, der

Richtkranz eventuell schon vorbereitet ist, dann aber nichts wie hin. Großprojekte sind oft zum Richtfest noch nicht komplett vermietet. Also werden auch potentielle Kunden angeködert. So war einmal das Richtfest einer noblen Seniorenresidenz direkt neben dem Kölner Dom. Da sah man aber viele ältere Herrschaften, die sich reichlich bedienten und mit allerlei Plastiktüten und Dosen anmarschierten, um sich für die nächsten Wochen am Büfett einzudecken.

Auf der Messe

Sind in Ihrer Nähe Messehallen? Vielleicht ist gerade eine ganz besonders attraktive Messe. Versuchen Sie, hinein zu kommen, kostenlos. Wie? Sie sind von der Presse, klemmen Ihr Anzeigenblatt unter den Arm und marschieren selbstbewußt rein. Vielleicht hängen Sie sich noch Ihre Kamera um und haben einen Notizblock in der Hand. Das zieht immer. Lässt man Sie immer noch nicht rein? Greifen Sie den Kabelstrang des Kameramanns und helfen ihm durch die Schleuse – quasi als technisches Personal, das unbedingt dazu gehört. Es gibt so viele Tricks. Seien Sie erfinderisch. Presse geht immer, da haben alle Respekt. Sind Sie erst einmal drin, beginnt das große Schlemmen. Hoffentlich haben Sie eine große Tasche dabei. Überall liegen Bonbons, Gummibärchen, Kekse und vieles mehr aus. Greifen Sie zu, keine Scheu. Das ist normal. Das erwarten die Standbetreiber von Ihnen. Ganz beliebt sind Süßwaren- und Landwirtschaftsmessen. Da können Sie fein abstauben und sich kostenlos durchfuttern: von Edelkäse über

Salami oder feinem Schinken bis hin zu Pralinen und Schokoladenbrunnen. So lebt es sich kostenlos – ohne Moos dennoch viel los im Messe-Schlaraffenland.

Auf Pressekonferenzen

Ganz beliebt sind auch Pressekonferenzen aller Art. Wie leicht gehört man dazu. Was meinen Sie, wie viele Leute sich da herumtummeln, die mit Presse gar nichts am Hut haben? Versuchen Sie in irgendeinen Verteiler zu kommen, von dem aus Sie regelmäßig eingeladen werden. Beim städtischen Presseamt zum Beispiel. Da bündelt sich das Meiste. Wenn Sie dort erst einmal auf der Liste stehen, sind Sie kostenlos fast überall dabei. Von da aus ergeben sich weitere Kontakte ganz anderer Art, zu VIP-Events mit Stars und Sternchen, zu Premieren aller Art. Sie können sich vor Einladungen nicht mehr retten. Und überall wird geschlemmt. Oft gibts Präsente obendrein. Hier eine CD, dort ein Buch. So können Sie überall umsonst essen und trinken. Manche zahlen für ein solches Ereignis gut und gerne ein paar hundert Euro – nur um dabei zu sein. Sie haben es kostenlos. Und können dabei auch noch umsonst essen.

Besuchen Sie einen Flughafen

Es gibt doch tatsächlich Leute, die machen sonntags einen Ausflug zum nahen Flughafen. Weil sie nämlich genau wissen, dass es dort verschiedene Möglichkeiten gibt, kostenlos immer etwas zu essen. Allerlei Testproben werden hier angeboten. Häppchen und Süßes, neue Getränke oder Knabbereien. Hier können Sie kostenlos Kleinigkeiten speisen, und die sind manchmal ganz exquisit. Denn die Firmen stellen sich auf das zahlungskräftige Publikum ein, das sich einen Flug leisten kann. Warum also nicht mal als Nichtflieger durch den Flughafen schlendern und kostenlos essen.

Wo Sie umsonst Lebensmittel bekommen
Auf dem Wochenmarkt

Man glaubt es nicht. Halten Sie nur die Augen auf und schauen Sie mal genau hin. Was passiert denn da auf dem Wochenmarkt? Sie reiben sich die Augen. Eine – zugegeben etwas ärmlich gekleidete – Frau wühlt in einer Kiste mit verschiedenen frischen Salaten auf dem Boden eines Marktstandes. Und Sie packt wie selbstverständlich gleich mehrere Köpfe ein. „Nun ist aber gut, Muttchen", bremst sie der Standbesitzer. Man muss es nur wissen. Markthändler sortieren nicht ganz so gut erhaltene Ware, und wenn es nur die Optik ist, sozusagen als zweite Wahl aus: für solche Kunden, denen die Topqualität zu teuer ist. Oder sie lassen Bedürftige darin schon mal wühlen und sich kostenlos bedienen. Ob Obst, Gemüse oder Salate, vieles ist auf dem Markt abzustauben. Nur fragen müssen Sie, sich überwinden, den entscheidenden Schritt zu tun. Wenn man Sie einmal kennt, dürfen Sie sich wie selbstverständlich als Stammkunde regelmäßig bedienen. Ganz Gewitzte gehen gegen Marktende zu den Ständen. Dann wird aussortiert und weggeworfen. Dann sind die Händler satt, haben ihre Geschäfte gemacht und sind zufrieden. Sie sind quasi in Spenderlaune. Es lohnt sich auch manchmal, in den weggeworfenen Kisten zu wühlen. Sie glauben gar nicht, was da alles liegen gelassen wird. Machen Sie es geschickt und ziehen sich nicht gerade die besten Klamotten an, wenn Sie auf den Markt gehen. Sondern machen mal auf arm. Das zieht bestimmt. Mitleid wird Ihnen entgegen schlagen.

Auf dem Groß- und Fischmarkt

Oder gehen Sie mal auf den Großmarkt – dort, wo die Händler, Restaurantchefs, Ladenbesitzer in aller Herrgottsfrühe ihre Ware für den Tag ordern oder gar selbst abholen. Kistenweise wird da aussortiert. Sicher, nicht jeder kommt in einen Großmarkt hinein. Geben Sie sich als Händler oder Imbissbudenbesitzer aus. Oder fragen Sie den Restaurantbesitzer, ob er Sie nicht mal mitnehmen kann und in den Großmarkt einführt, damit Sie künftig dazu gehören.

Gehen Sie auch zum Fischmarkt, wenn Sie an der Küste wohnen. Auch hier wird in der Frühe die Ware für den Tag umgesetzt und so manches aussortiert. Da kommen Chefköche und Restaurantmanager. Und es wird in großen Mengen Fisch verkauft. Da fällt auch mal das eine oder andere für Sie ab, kostenlos versteht sich.

In den Supermärkten

Gehen Sie ganz kess mal in Supermärkte und fragen nach Abfallware, nach abgelaufenen Artikeln oder nach leicht verderblicher Frischware. Schauen Sie auch dort mal in den aussortierten Kisten nach. Hier finden Sie durchaus Essbares. So findet man kostenlos gute Lebensmittel.

Oder ganz Geschickte nehmen sich die Zeit, auf das Verfallsdatum von Lebensmitteln zu schauen. Finden Sie etwas Abgelaufenes, wollen Sie gleich den Geschäftsführer sprechen. „Das ist aber nicht in Ordnung. Passiert das hier öfter? Dann müsste man mal die Lebensmittelkontrolle oder Gewerbeaufsicht vorbeischicken, was meinen Sie?" Und schon sagt er Ihnen: „Suchen Sie sich bitte etwas Frisches aus. Das geht auf uns!" Kostenlos abgestaubt, so geht es. Ein wenig erinnert das an „Das Haar in der Suppe". Man reklamiert ein bestelltes Menü und hofft, es so umsonst zu bekommen.

Kurz vor Ladenschluss

Gehen Sie doch mal kurz vor Ladenschluss in die Bäckerei – wenn schon das Aufräumen und Wischen begonnen hat. Sie glauben nicht, wie spendabel dann manche Verkäuferin ist. Die hat nämlich schon Kasse gemacht und will nun das Fass nicht noch mal aufmachen. Ihr Glück. So kommen Sie zu kostenlosen Lebensmitteln.

Auf Feldern und Bauernhöfen

Wohnen Sie in der Nähe von Bauernhöfen? Gehen Sie mal zur Erntezeit an den Rand von Feldern spazieren. Sie glauben nicht, wie viele Kartoffeln da noch liegen geblieben sind. Oder wenn die Ernte besonders gut ausgefallen ist, schlendern Sie mal vorbei und plaudern mit dem Bauern. Der wird Ihnen einen dicken Kohlkopf mitgeben, vielleicht noch einen Rotkohl oder einen Kappes obendrauf legen. Möhren, Salate, Erdbeeren, Spargel, Sie glauben gar nicht, was Landwirte alles anzubieten haben, manchmal auch kostenlos.

Am Wegesrand und auf Wiesen

Manchmal ragen Äpfel-, Kirsch-, Birnen- und Pflaumenbäume übers Grundstück hinaus auf den Gehweg. Bedienen Sie sich. Oder Sie sehen auf einer Wiese reichlich Fallobst auf dem Boden, das offensichtlich niemand will. Klopfen Sie an und fragen, ob Sie die Äpfel auflesen dürfen. Man wird Ihnen sogar dankbar sein, dass der Rasen gesäubert wird. Manche Gemeinden pflanzen auf öffentlichen Ersatzgrünflächen Obstbäume an, weil die am schnellsten wachsen und sehr robust sind. Befreien Sie diese Bäume doch von ihrer schweren Last.

In der Natur

Die Natur bietet so viele Lebensmittel kostenlos an. Ob Brombeeren, Waldbeeren, Quitten, Holunder, Himbeeren, Pilze, Kräuter, Salate und in südlichen Ländern gar Apfelsinen, Pampelmusen, Mandarinen oder Bananen, Oliven, Kokosnüsse. Greifen Sie zu, bevor es jemand anderes tut. Sie dürfen nur nicht allzu gedankenlos durch die Landschaft gehen, immer daran denken, was sie als Lebensmittel kostenlos abstauben und zu Hause verwerten können.

Warenproben überall

Natürlich können Sie auch Lebensmittel als Warenproben abstauben. Schlendern Sie durch Supermärkte. Dort wird immer irgendetwas beworben. Entweder können Sie sich gleich an den vielen Probchen satt futtern, die auf der Bäckertheke stehen oder am Wurststand sind. Gönnen Sie sich ein Gläschen Sekt, eine Weinprobe. Der Türke am Eingang hat leckeren Schafskäse oder Knoblauchquark. Greifen Sie zu. Manchmal verschenken nette Hostessen auch kleine eingepackte Proben von Brot, Pasteten, Käse oder Wurst. „Mitnehmen" heißt hier die Devise. Was Sie so umsonst nach Hause bringen, brauchen Sie nicht mehr zu kaufen. Und auch im Internet gibt es zahlreiche Offerten von Lebensmittelproben. Anfordern!

Reste von Büffets

Oft werden Reste von Büfetts in Altenheime oder Kinderheime abgegeben. Ob Fingerfood oder Häppchen, Kuchen oder Salate, feiner Braten oder Suppen, man glaubt gar nicht, was alles so übrig bleibt. Und bevor es weggeworfen wird und in den Schweinetrog kommt, bedient man sich doch lieber selbst. Wie das geht? Man weiß entweder, wo solche Empfänge stattfinden, wo die Büfetts dieser Welt stehen oder wer sie liefert. Oft stehen Veranstalter am Ende vor der Frage: Und was machen wir jetzt mit dem Rest? Bieten Sie Ihre Hilfe an. Geben Sie sich als Mitarbeiter karitativer Einrichtungen aus. Die Büfettlieferanten müssen schließlich auch wieder für die Entsorgung bezahlen. Wenn sie das sparen, sind die froh – und Sie haben kostenlos wertvolle Lebensmittel, die Sie zum Teil auch noch einfrieren und später vertilgen können.

Wo Sie Kleidung umsonst bekommen

Kleiderkammer bei Kirchen

Kirchen unterhalten manchmal in sozialen Brennpunkten Kleiderkammern. Sie sammeln gut erhaltene Kleidung ein und bitten Bürger, doch mal ihre Kleiderschränke aufzuräumen. Da kommt einiges gut Erhaltene zusammen. Solche Anzüge, Röcke, Hemden, Pullover oder Hosen sowie Kinderbekleidung werden gesichtet, gereinigt und sortiert. Dann kommen sie in die Kleiderkammern, wo Menschen in Not komplett neu eingekleidet werden. Es ist wie in einem großen Bekleidungshaus. Man sieht den Textilien oft gar nicht an, dass sie Second Hand-Ware sind. Seien Sie also mit dabei und holen Sie sich Ihre kostenlose Kleidung ab. Die Bahnhofsmission hat manchmal auch Einzelstücke parat, etwa eine warme Jacke für den Winter oder einen Pullover.

T-Shirt mit Werbung

Viele Firmen verteilen kostenlos T-Shirts mit dem Werbeaufdruck ihres Unternehmens. Halten Sie Ausschau nach solchen Aktionen in Kaufhäusern oder den Fußgängerzonen. Schreiben Sie doch mal ganz dreist die Firmen an. Bitten Sie doch gleich um einen kompletten Mannschaftssatz. Sie glauben gar nicht, wie geil Firmen darauf sind, ihr Logo auf der Brust von elf Fußballern zu sehen. Ganz geschickt ist es, wenn Sie noch einen Pressebericht in der örtlichen Zeitung dazu in Aussicht stellen. Dann bekommen Sie bestimmt Textilien umsonst: Trikots, Hosen, Trainingsanzüge.

Internet durchstöbern

Auch bei kostenloser Kleidung gilt: das Internet durchstöbern. Es gibt viele Seiten, die Kleidung umsonst anbieten. In Internetauktionen werden manchmal nur Versandkosten verlangt. Oft handelt es sich um Ware mit kleinen Fehlern, die gar nicht auffallen, etwa ein Hosenbein einen Zentimeter zu lang oder eine Naht doppelt genäht oder ein Fleck. Stauben Sie hier Ihre Kleidung ab.

Fehlerhafte Ware

In Serienproduktion können Textilien schon mal Fehler aufweisen, etwa wenn eine Maschine falsch eingestellt war. Oft sieht man solche Kleinigkeiten nach der ersten Anprobe, manchmal auch erst zu Hause. Man tauscht die Ware im Kaufhaus um und fragt, was nun mit dem fehlerhaften Teil passiert. Manchmal ist es Billigware. Da lohnt ein Rückversand sowieso nicht. Wenn man Glück hat, bekommt man das Teil als Geschenk obendrauf. Manchmal sind Nähte zu kurz gefasst und das Hemd zerreißt nach kurzem Tragen. Wer zu Hause eine Nähmaschine hat, behebt den Schaden nach der Reklamation ganz schnell selbst. Oder bringt das Hemd zur Schneiderin um die Ecke. So kommt man an kostenlose Bekleidung.

Zur Geburt ein Päckchen

Sie glauben gar nicht, wie Ihnen alle möglichen Firmen zur Geburt Ihres Kindes die Türen einrennen. So eine Geburt ist ein einschneidendes Ereignis, auch für den Geldbeutel. Da werden Kauf- und Produktentscheidungen getroffen, die oft über Jahre halten. Und von dem Kuchen will möglichst jede Firma das dickste Stück abbekommen. Also werden Sie mit Proben und Geschenken überhäuft. Die Anschrift und den Namen findet man im öffentlichen Geburten- oder Taufregister. Da gibts die legendären Felicitas-Päckchen: mit Babynahrung, Cremes, Tees und vielem mehr. Und andere Firmen beschenken wie aus dem Nichts. Sie wundern sich? Nicht doch! Das gehört dazu. Nehmen Sie die Proben ruhig und sparen Sie an anderer Stelle dafür. So bekommen Sie kostenlos bestimmte Produkte. Machen Sie sich auch die Mühe und lesen die beigelegten Infos. Da verbergen sich häufig weitere Angebote – für kostenlose Baby- oder Kleinkindprodukte. Greifen Sie zu, es ist alles umsonst. Man will Sie nämlich als langfristigen Kunden für bestimmte Produkte ködern. Und über die Jahre verbraucht so ein Baby eine ganze Menge, bis es groß ist. Rechnen Sie mal. Schauen Sie ins Internet. Da können Sie weiter abstauben – jede Menge. Geben Sie mal „Babyartikel kostenlos" ein oder „Babysachen umsonst" oder „Alles fürs Baby für nix". So wird Ihnen „für nix" die Geburt Ihres Kindes versüßt.

Pille und Präservative umsonst

Die Pille und Präservative kostenlos? Sie meinen, das geht doch gar nicht. Und ob! Präservative sind sicher nicht das Problem. Die liegen heute fast in jedem Hotel kostenlos aus oder werden bei bestimmten Events von netten Hostessen verteilt. Aber die Pille für lau? Es gibt in der Tat karitative Organisationen, die jungen Mädchen helfen, damit sie nicht ungewollt schwanger werden. Vor allem solchen, die in Notlagen sind, nicht sesshaft sind oder aus sozial schwachen Familien kommen. Sie müssen sich schon melden und erkundigen, so viel Mut braucht es schon. Dann sind Sie aber auch dabei und bekommen die Pille kostenlos, vielleicht nicht für jeden Tag. Auch der oben zitierte Pfarrer ist der Meinung, er bezahlt doch lieber die Pille für ein solches Mädchen in Not als hinterher eine junge, überforderte Mutter vor sich zu haben.

Kostenlose Bücher

Ein bestimmtes Kontingent neuer Bücher ist immer für Werbung eingeplant. Sie werden auf Pressekonferenzen verteilt, an ausgewählte Journalisten verschickt und für Anfragen zur Buchbesprechung bereitgehalten. Hier schlägt Ihre Stunde. Sie bereiten einen Brief vor. Im Briefkopf steht, dass Sie Journalist sind oder freier Autor. Die Berufsbezeichnung Journalist ist bekanntlich nicht geschützt. Wohingegen Redakteur sich nur nennen darf, wer einen Redakteursvertrag hat. Also, Sie sind Journalist, und wenn Sie lediglich einen eigenen Blog im Internet haben oder hin und wieder mal einen Kommentar in dem einen oder anderen Forum ablassen. Fordern Sie bei den Verlagen zunächst einmal eine Liste der aktuellen Veröffentlichungen an. Meistens erhalten Sie auch gleichzeitig ein Programm über die geplanten Publikationen. Eine gute Zeit ist immer rund um die Frankfurter Buchmesse im Herbst. Dann sind Verlage spendabel. Sie wollen ja, dass man über ihre neuen Bücher spricht und schreibt. Dass sie bekannt und gekauft werden. Dann kommen die vielen Neuerscheinungen. Sie werden erschlagen mit Büchern. Sagen Sie, sie planten eine Buchbesprechung und fordern ein Rezensionsexemplar an. Untermauern Sie Ihre Ernsthaftigkeit mit dem Wunsch nach einem Foto vom Cover des Buches. Sie glauben gar nicht, wie schnell Ihnen die Bücher in Paketen nach Hause geliefert werden. Und haben Sie erst mal die Liste, dann wählen Sie aus. Nicht nach der Devise, was möchte ich denn selbst mal gerne lesen? Sondern, was kann ich denn hinterher am besten bei einer Internetauktion wieder verticken? So stauben Sie Reiseführer, Romane, Sachbücher, Lexika und alles Mögliche ab. Ganze Hörbuchreihen, sogar CDs. Achten Sie auf aktuelle Renner, auf Reißer. Die sind besonders gefragt und teuer. Wertvoll sind auch Serien, so zehn Bände oder Dreier-Packs. Deuten Sie doch in Ihrem Brief an den Verlag die Möglichkeit einer Verlosungsaktion an. Ihre Leser würden sich sicher darum reißen. Und schon haben Sie nicht nur ein Buch, sondern zehn Bücher zu Hause. Und wenn sie nur als Weihnachtsgeschenke in der Verwandtschaft dienen. So haben Sie aber wichtige Moneten gespart. Sie brauchen nicht mehr lange suchen und kein Geld auszugeben für Weihnachten, Geburtstage, Ostern oder zur Konfirmation. Bieten Sie die Bücher in Internetauktionen an. Sie glauben gar nicht, wie schnell die gegen Bares weg sind, und an den Versandkosten verdienen Sie auch noch. Ganz Clevere können hier wirklich viel Geld nebenbei verdienen – und das natürlich wieder mal für lau.

Musik-CDs geschenkt

Täglich kommen neue CDs auf den Markt. Und alle wollen sich im Wettbewerb behaupten. Da muss kräftig geworben werden.

In Radiosendern sollen sie abgespielt werden, in Zeitungen besprochen und als Gewinne an Leser verlost werden. Also werden erst einmal CDs kostenlos verteilt. Und Sie sind dabei. Sie haben die neuesten Charts pressfrisch zu Hause, wo andere sich in lange Wartereihen einordnen und teueres Geld für bezahlen. Entweder haben Sie wieder einmal kostenlos für sich selbst etwas abgestaubt, haben ein nettes Geschenk für andere und damit Geld gespart, oder Sie bieten die CDs wieder einmal in einer Internetauktion an – alles völlig legal, nur Sie sind der Fuchs, der ohne Moos viel los macht.

Software legal und umsonst

Wer kennt sie nicht, die zahllosen kostenlosen Downloads. Nützliche Software zum Komprimieren von Dateien, zum Ansehen von Bilderserien, um Dokumente zu erstellen, Seiten zu gestalten. Rechtschreibe- und Übersetzungsprogramme werden angeboten, Bildbearbeitung und Adressen- sowie Telefonnummernverwaltung. Man muss nur wühlen und stöbern. Im Internet gibt es so viele kostenlose Software, da sollten Sie schon aufpassen, dass Ihre Festplatte nicht überquillt. Ganz beliebt sind solche Seiten, mit denen Sie aus Bausteinen ihre eigene Homepage umsonst basteln können. Sie können Daten verwalten, Tabellen kalkulieren, rechnen und schreiben, korrigieren und übersetzen, Buch führen, Kalender gestalten, Briefe und Bewerbungen schreiben. Und das alles für nix. Nützliche Software für Ihren Alltag, für Ihr Hobby, aber auch für Ihren Beruf und für Ihre Kinder sogar Lernsoftware.

Ganz wichtig ist die kostenlose Kommunikationssoftware. Mit der können Sie weltweit mit Freunden und Verwandten kommunizieren, sprechen und sich sehen – quasi für ´nen Appel und ´nen Ei telefonieren, sogar per Bildtelefon, wenn Sie eine Webcam haben.

Probeabo mit Armbanduhr

Die Renner auf dem Markt sind derzeit Probeabos von Tages- und Wochenzeitungen, von Magazinen und allerlei Zeitschriften. Die Angebote sind so atemberaubend. Wer sich nämlich bindet, ist oft jahrelang dabei. Also wird erst einmal kräftig angeködert: kostenlos einen Monat, dann eine Armbanduhr, einen Kalender obendrauf. Wenn Sie noch eine zweite Armbanduhr brauchen, gibt es folgenden Trick, der kürzlich im Fernsehen verraten wurde: Sie schreiben Ihre Anschrift etwas anders, statt Bahnhofstraße Straße am Bahnhof. Jeder Postbote wird den Brief korrekt zustellen, der Computer bei der Zeitschrift registriert aber einen neuen Kunden. Oder Sie schreiben einfach einen anderen Vornamen oder verunstalten ihren eigenen etwas, also: Statt Heinz Meier schrieben Sie Hans Meier, oder statt Willi Hausmann schreiben Sie Willi Heinemann. Macht nix, das Präsent kommt an. Oder Sie nutzen für das Probeabo Ihre ganze Familie, sie wollen doch drei Armbanduhren haben, oder waren es vier? Kostenlos, versteht sich! Passen Sie nur auf, das Probeabo rechtzeitig zu beenden, denn sonst sind Sie schnell in der Abofalle. Im Kleingedruckten steht häufig: „Wenn Sie unsere Zeitung weiter beziehen wollen brauchen Sie nichts zu veranlassen. Sonst kündigen Sie rechtzeitig eine Woche vor Ablauf des kostenlosen Bezugs, andernfalls verlängert sich das Abo automatisch um ein halbes Jahr!" Peng, haben Sie geschlafen? Denn plötzlich flattert Ihnen eine saftige Rechnung ins Haus. Sie haben doch glatt das Kleingedruckte übersehen. Also aufpassen, am besten sofort Probeabo nach Eingang des Präsents kündigen. Manchmal gibt es Markenfüllfederhalter, Lederbrieftaschen, Reisewecker oder andere wertvolle Geschenke. Auch Bares ist möglich. 50 oder 75 Euro bei Magazinen, die Ihnen als Scheck nach dem ersten Heft ins Haus geschickt werden.

Tageszeitung für nix

Ähnlich läuft es bei Tageszeitungen, die als Abo ganz schön ins Geld schneiden können. 14 Tage lang kostenlos liefert man Ihnen das Blatt schon ins Haus, doch danach ist Sense. Es sei denn, Ihre Lebenspartnerin bestellt noch einmal kostenlos. Nach einer Schamfrist setzen Sie Ihren Nachbarn ein, Ihre Oma oder wen auch immer. Tageszeitungen werden meistens unter die Tür geschoben oder in den Gemeinschaftsbriefkasten gelegt. Ihr Nachbar erwartet doch keine Zeitung. Also nehmen Sie sich jeden Morgen Ihr Blatt aus dem Kasten. Nach einem halben Jahr das gleiche Spiel noch einmal. Hier gibt es besonders tolle Prämien abzustauben: vom Bollerwagen für Kleinkinder über Stereoanlage bis hin zur Digitalkamera und zum Ipod. Aber Vorsicht: In der Regel muß der Neukunde für ein oder zwei Jahre das Blatt bestellen, und Sie selbst müssen auch Kunde sein und Ihr Abo auch noch mal für ein weiteres Jahr bestätigen. Da sind die Hürden doch schon sehr hoch, eine Stereoanlage für lau abzustauben. Aber aufpassen: Manchmal haben die Tageszeitungen auch Aktionen. Denn denen gehts im Moment nicht so gut. Sie müssen sich im harten Wettbewerb gegen Internet und Online-Zeitungen behaupten und verlieren immer mehr vom Werbekuchen an die digitalen Medien. Es lohnt sich also, deren Offerten anzuschauen, auch wenn solche Werbestände vor Supermärkten oder in Fußgängerzonen anzutreffen sind.

Zigaretten für lau

Wir kennen Sie, die netten Mädels in Miniröckchen oder die feschen Jungs in engen Jeans mit Werbecaps. Sie sind gar nicht zu übersehen in Fußballstadien oder auf Events. Sie promoten Zigarettenmarken und bieten uns kostenlos Proben an. Manchmal gibt es nur eine Zigarette zum direkten Verzehr oder einen Dreierpack, aber mit etwas Glück schnorren Sie auch eine ganze Packung. Greifen Sie zu, auch wenn Sie nicht rauchen. Zigaretten sind heute teuer. Irgendwer in der Verwandtschaft wird schon rauchen. Und Sie haben wieder etwas Kostenloses abbekommen. Gut, es gibt auch den klassischen Schnorrer: „Haste mal ´ne Zigarette?" Doch auch der stirbt langsam aus. Denn das haben die Kollegen schnell raus, wer ständig nur die Marke „Von anderen" raucht.

Visitenkarten kostenlos

Im Internet finden Sie Anbieter für kostenlose Visitenkarten. Sie dürfen sogar aus verschiedenen Kreationen wählen und sich Ihre ganz persönliche Karte zusammenstellen. Farblich gestaltet, mit Mustern und Emblemen ausgestattet, können Sie hier 50 bis 250 Visitenkarten auf Karton ganz umsonst abstauben. Und schon haben Sie etwas, sind Sie wer. Visitenkarten sind heutzutage das absolute Muß, wer keine hat, der gilt nichts. Und wenn Sie sie auch noch für lau bekommen, dann zugreifen. Dass hinten drauf dezent der Name des Sponsor steht, stört Sie nicht. Und wenn Sie schon mal dabei sind, bestellen Sie doch gleich noch welche für Ihre Frau mit, vielleicht auch für den Sohn.

USA umsonst

Beliebt sind Greencards für die USA. Wer träumt nicht davon, ins Land der unbegrenzten Möglichkeiten auszuwandern. An Greencards kommt man nicht leicht heran. Da sind gewaltige Hürden aufgebaut, wenn Sie offiziell eine bekommen wollen. Im Internet können Sie eine solche gewinnen. Schauen Sie sich um, wenn Sie daran interessiert sind auszuwandern. So lebt es sich kostenlos auch als Auswanderer.

Grüsse kostenlos

Mal Hand aufs Herz: Wie viele Karten verschicken Sie im Jahr? Zu Weihnachten, aus dem Urlaub, zum Geburtstag und so weiter. Und jedes Mal zahlen Sie Porto. Und das Aussuchen der passenden Karte nervt Sie schon Wochen vorher. Wußten Sie eigentlich, dass es auch kostenlos und einfacher geht? Wie? Im Internet gibt es verschiedene Anbieter. Die haben ganz witzige Ideen und Karten mit Musik und Animation. Da läuft mitunter ein ganzer Film ab. Bunt sind sie, pfiffig, und Sie können Ihren eigenen Text dazu schreiben, Ihren Gruß. Übers Internet verschicken Sie die Karten an Freunde und Verwandte, Kollegen und Nachbarn alles für lau.

Druckertinte, Handys, Ladegeräte, Videokameras

Wir hörten oben schon von den Möglichkeiten des Internets. Das Füllhorn ist aber noch weitaus größer. Man muss nur mal richtig stöbern. Kostenlose Angebote von Handys, Ladegeräten, Videokameras, Tintenpatronen für Drucker, Papier, Fotoabzüge und Poster. Man muss nur genau hinschauen. Auch hier gilt: Vorsicht Falle. Es muß einen stutzig machen, wenn man eine Videokamera für lau bekommt. Oder ein Handy umsonst. Manchmal wird einem sogar ein kostenloser Laptop angeboten. Dahinter stecken oft Koppelgeschäfte, langfristige Telefonverträge. Dann ist das „Kost-Nix-Geschäft" gar nicht mehr so günstig. Wenn man nämlich 24 Monate lang regelmäßig einen bestimmten Betrag von seinem Konto abgebucht bekommt, wird der Laptop womöglich hinterher teurer als hätte man ihn gleich gekauft.

Der Presseausweis

Der Presseausweis ist immer noch die Eintrittskarte ins Paradies. Presserabatte gewähren Autohersteller und Elektronikkonzerne. Da kommen schon mal schlappe paar tausend Euro zusammen. Beim Handy spart man oft die Grundgebühr, und das monatlich. Computer mit Presserabatt, Reisen mit Presseausweis und vor allem: Sie kommen fast überall für lau rein: Konzerte, Theater, Oper, Musical, Sport. Sie bekommen Parkausweise, Kaserneneinfahrten und andere nützliche Dinge. Wie kommen Sie an einen Presseausweis? Sie müssen nachweisen, dass Sie damit ihr Geld zum Leben verdienen. Oder Ihren Namen in einem Impressum einer Zeitung stehen haben. Oder durch Kontoauszüge über einen längeren Zeitraum belegen, dass Sie regelmäßige Einkünfte haben. Oder einen Vertrag oder eine Bescheinigung einer Zeitung vorlegen. Dann können Sie zwischen verschiedenen Organisationen wählen. Im Internet in den Suchmaschinen Presseausweis eingeben, und schon erhalten Sie eine ganze Palette von nützlichen Seiten. Achten Sie auf die Konditionen, sie sind unterschiedlich. Ein Presseausweis kostet Geld. Nun gut, etwas investieren müssen Sie schon für den Eintritt ins Schlaraffenland. In der Regel sind das 100 bis 200 Euro, die Verlängerungsgebühren betragen nur einen Bruchteil davon. Wichtig: Je amtlicher das Dokument aussieht, umso mehr

Erfolg haben Sie. Manche Presseausweise bieten die Möglichkeit, sich einen Stempel der Polizei und der Bahnpolizei in den Ausweis geben zu lassen. Das dient als Bitte um Unterstützung bei der Arbeit der Journalisten. Macht das Dokument aber auch amtlicher. Lassen Sie sich mit dem Presseausweis bei verschiedenen Stellen akkreditieren – vielleicht bei der Bundesregierung, der Bundespressekonferenz. Fordern Sie alles Mögliche ein und an, eine exklusive Flugreise nach Manchester United oder mit dem Schnellzug nach Paris, mit dem Billigflieger nach Barcelona, fliegen Sie mit der Bundeswehr in die USA oder nach Kanada, empfangen Sie den Papst am Flughafen, lassen Sie sich vom Bundespräsidenten ins Schloss Bellevue einladen: Machen Sie mit und schlemmen Sie an den Büffets dieser Welt. Genießen Sie die Wohltaten eines Presseausweises.

Pflanzen für Ihren Garten für nix

Manche Städte bieten Tauschbörsen für Pflanzen an oder geben kostenlos Pflanzen aus, um die Vorgärten zu begrünen. Es gibt Ortschaften, die beteiligen sich am Wettbewerb „Unser Dorf soll schöner werden" und geben junge Bäume oder Blumenpflanzen ab – für nix. Der Heimatverein startet Begrünaktionen. Der Verkehrs- und Verschönerungsverein organisiert Wettbewerbe, bei denen Sie Geld- und Sachpreise für den schönsten Vorgarten gewinnen können. Seien Sie mit dabei und stauben Sie ab. Manche Baumschulen oder Gärtnereien sortieren zweite Wahl aus oder werfen Stecklinge weg, die sie nicht mehr verkaufen können. Nachfragen ist hier die Devise und kostenlose Pflanzen organisieren.

Sprachkurs für lau

Schreiben Sie doch einmal eine Geschichte über einen neuartigen Sprachkurs. Sie haben gerade Ihr kostenloses Anzeigenblatt in der Hand und lesen etwas von „Fremdsprachen lernen ohne Vokabeln zu pauken!". Das wollten Sie doch immer schon mal. Rufen Sie an und fragen ein wenig. Wie funktioniert das denn? Ganz beiläufig erwähnen Sie, dass Sie Journalist sind und darüber doch mal ne interessante Geschichte schreiben könnten. Was meinen Sie, wie schnell Sie eingeladen werden, an einem solchen Kurs einmal kostenlos teilzunehmen? So kommen Sie zu Ihrem Sprachkurs für lau.

Deutschkurs von der VHS

Volkshochschulen oder Sozialverbände geben Kurse für sozial Benachteiligte, Aussiedler oder Asylbewerber: Deutsch, Rechnen, Fremdsprachen, Bewerbungstraining und vieles mehr. Jugendliche ohne Ausbildungsplatz erhalten Unterstützung in Jugendwerkstatt oder vom Arbeitsamt.

Führerschein gratis

Fragen Sie doch mal Ihre Arbeitsagentur, ob sie Ihnen nicht einen Englischkurs finanziert oder eine Schreibmaschinenschule. Das verbessert Ihre Chancen am Arbeitsmarkt gewaltig. Was meinen Sie, wie spendabel die plötzlich ist, wenn sie eine Möglichkeit sieht, Sie aus der Kartei zu bekommen? So werden Sie kostenlos ausgebildet. Manchmal zahlen die sogar Ihren Führerschein. Wenn die Aussicht auf einen neuen Job besteht, sind Arbeitsagenturen so richtig spendabel.

Hunde- und Katzenfutter umsonst

Sie suchen gerade das passende Hundefutter für Ihren Bello? Oder Katzennahrung für Ihre Susi? Kein Problem. Es gibt so viele Hersteller, die Sie alle gerne als Dauerkunden gewinnen wollen – und Ihnen gerne kostenlose Proben zur Verfügung stellen. Natürlich haben Sie mehrere Hunde, auch Welpen. Das erfordert unterschiedliche Tiernahrung, verschiedene Sorten brauchen Sie. Und schon wird Ihnen das Tierfutter frei Haus für ein paar Wochen geliefert, Trockenfutter, Naßfutter, Leckerlis. Nützliche Adressen auch hierzu im Internet. Melden Sie sich doch gleich bei mehreren Anbietern. Auch halten große Tiernahrungsgeschäfte kostenlose Proben bereit. Nur nachfragen müssen Sie. In der Regel stehen vor den Geschäften Fressnapfe voll mit Tierfutter. Lassen Sie Ihren Hasso doch öfter mal kosten, und schon haben Sie wieder eine

Tagesration gespart. So kommen Sie zu Ihrem kostenlosen Hundefutter.

Werden Sie Testfahrer

Sie träumen seit Jahren davon, mal im Cabrio, in Ihrem Traum-Cabrio, zu fahren. Kostenlos! Ziehen Sie sich fein an, gehen Sie zu Ihrem Autohändler. Machen Sie mal einen auf dicke Lippe. Sie haben es und können sich einen solchen Wagen auch leisten, bar versteht sich. Oder Sie haben gerade Ihrer Frau einen Kleinwagen bestellt oder Ihrer Tochter einen Gebrauchten gekauft. Da wird sich doch Ihr Autohändler nicht lumpen lassen, Ihnen mal Ihr Traum-Cabrio für ein Wochenende kostenlos zur Verfügung zu stellen. Und schon können Sie es allen zeigen. Sie sind wer. Sie haben es geschafft. Sie fahren im offenen Cabrio die Düsseldorfer Kö rauf und runter. Oder Sie bieten sich Ihrem Autohändler mal als Testfahrer an, füllen hinterher einen Fragebogen aus. Wenn´s da nicht klappt, zeigt Ihnen das Internet wieder den Weg. „Testfahrer gesucht", und schon finden Sie einige Angebote.

Kostenlose Weinprobe

Eine Firma in Düsseldorf lädt regelmäßig Restaurantbesitzer und Hotelmanager zu kostenlosen Proben edler französischer Weine ein – mehrmals im Jahr. Bis zu 20 Weingüter je nach Region präsentieren ihre Rebsäfte in Rot, Rosé oder Weiß, auch geschäumt. Wundern Sie sich aber bitte nicht über die etwas seltsamen Rituale. Schauen Sie erst mal zu und machen Sie es nach. Da stehen nämlich oft große Sektkübel auf den Tischen. Darin spucken die Probierer die zuvor gegurgelten Weinproben. Viel Wasser wird dazwischen getrunken, um die Zunge wieder testfähig zu machen. Und Baguette-Brot reichlich wird serviert. Machen Sie mit oder tun Sie einfach nur so. Sie wollen ja die köstlichen Tropfen wirklich genießen. Und lassen Sie sich ruhig nachschenken. Verbunden ist das meist mit einem (eher langweiligen) Seminar und einem (viel interessanteren) abschließenden Essen, Verköstigung nennen sie das hochtrabend. Wenn Sie dann nach Hause gehen, brauchen Sie aber schon mehr als eine Stütze. Auch Journalisten werden regelmäßig mit dazu gebeten. Die sollen ja hinterher über die edlen Tropfen etwas schreiben und damit die Umsätze ankurbeln. Seien Sie einfach mit dabei, aber passen Sie auf, dass Sie noch den Überblick behalten. Weinhändler in Ihrer Nähe laden bestimmt auch hin und wieder zu Weinproben ein. Halten Sie Ausschau nach solchen Angeboten und machen Sie einfach mit. Werden Sie so ganz nebenbei zum Weinkenner.

Sich kostenlos einladen lassen

Es gibt verschiedene Möglichkeiten, sich kostenlos einladen zu lassen. Am besten funktioniert das mit dem Presseausweis oder als örtlicher Journalist. Da will Ihnen jemand einen Text, eine Story unterjubeln. Sie haben aber gerade einen leeren Magen und müssen erst mal essen gehen. Was meinen Sie, wie schnell der Sie zum nächsten Edel-Italiener einlädt. Oder jemand möchte mal wieder ins Blatt. Das geht natürlich am besten mit einem Interview, bei einem Glas Champagner, einem edlen Wein, einem Cordon Bleu, einem Mousse au Chocolate.

Eine Bäckerei lädt so beispielsweise immer zur Weihnachtsbäckerei ein. Da darf jeder Journalist sein Lebkuchenhaus selber basteln. Alle Zutaten stehen bereit. Und am Ende nimmt man das prächtige schwere Haus mit und bekommt obendrein noch Bäckermütze, T-Shirt und eine pralle Bäckertüte mit dazu. Wie lassen Sie sich aber als Otto Normalverbraucher einladen? Dreiste Schnorrer haben´s so drauf. Sie gehen mit einem Kollegen essen oder ein Bier trinken und sagen: „Zahlst Du heute? Dann bin ich das nächste Mal dran!" Das nächste Mal gibt´s bei denen aber nicht. Oder Sie wetten vorher um ein Essen, und gewinnen natürlich immer.

Kostenlos telefonieren und surfen

Mittlerweile findet man Internet-Anbieter, bei denen Sie weltweit eine Festnetznummer 30 Minuten lang kostenlos anrufen können. Oder ebenfalls übers Internet können Sie in so genannten Live Messengers, wenn Sie ein Headset haben, kostenlos mit Freunden und Verwandten kommunizieren, auch per Bild, wenn Sie eine Webcam nutzen. Voraussetzung ist natürlich, dass Ihr Gesprächspartner auch einen Computer mit Internetanschluss hat. So sparen Sie Bares beim Telefonieren, das ja bekanntlich ganz schön ins Geld schneiden kann. Bei manchen Werbeaktionen erhalten Sie kostenlos Telefonkarten mit einem Guthaben von fünf oder zehn Euro, die Sie dann in Telefonzellen abtelefonieren können. Auch werden Handys häufig mit einem Startguthaben von 25 Euro verkauft. Kostenlos telefonieren können Sie aber auch, wenn Sie auf Jobsuche gehen. In allen Arbeitsagenturen bundesweit stehen Ihnen Telefone umsonst zur Verfügung. Auch das Internet dürfen Sie kostenlos nutzen. Sie müssen aber als Arbeit suchend registriert sein. Auf Messen, an Flughäfen, in manchen Bahnhöfen sind kostenlose Internetterminals. Surfen Sie umsonst! Noch ein Tipp: Wer W-Lan in seinem Laptop hat, wird in allen größeren Bahnhöfen auf Empfang sein. Oder versuchen Sie es an Flughäfen mal draußen vor den VIP-Lounges. Da erreichen Sie den kostenlosen Hot Spot der VIP´s und können kostenlos surfen.

Energie umsonst

Strom ist teuer und wird noch teurer. Da lohnt es sich, mal auf die Preise der Konkurrenten zu schielen. Und die ködern heutzutage ihre potentiellen Kunden erst mal mit kostenlosem Strom für eine gewisse Zeit oder für eine bestimmte Summe. Also quasi einen Strom-Gutschein. Wenn Sie für 50 oder 100 Euro kostenlosen Strom bekommen können, warum nicht! Also zugreifen und wechseln.

Kostenloser Sprit

Und genau so läuft es bei den Autohändlern. Sie bieten in Zeiten horrender Kraftstoffpreise werbewirksam 3000 Liter Super bei Neuwagenkauf an. Für ein Jahr Diesel umsonst heißt es da in einer Werbung. Ein Radiosender in Norddeutschland hat wochenlang an seine Hörer kostenlos Sprit verlost. Man konnte regelrecht zocken, und wer Glück hatte, durfte für 200 oder 500 Euro kostelos tanken. So kommen Sie also an den teuren Saft für Ihr Auto.

Kostenlose Versicherung

Auch das gibt´s. Bei Neuwagenkauf bieten manche Firmen für ein oder zwei Jahre lang eine kostenlose Vollkaskoversicherung für den neuen Flitzer als Draufgabe an. Und das können bei Fahranfängern schon ein paar tausend Euro ausmachen.

Parken umsonst

Manche Büros in den Innenstädten bieten kostenlose Parkplätze an. So können Sie beim Rechtsanwalt, Verlag, Kaufhaus, Notar oder Arzt Kundenparkplätze nutzen. Ein beliebter Trick ist es, kurz in das jeweilige Büro zu gehen und zu sagen: „Ich bin gleich wieder da, darf ich mal für fünf Minuten parken?" Sicher dürfen Sie, so großzügig ist man schon. Oder Sie gehen kurz ins Geschäft, und schon sind Sie Kunde und dürfen parken. Und in manchen Städten zahlen Sie drei bis vier Euro pro Stunde Parkzeit. Kleinvieh macht bekanntlich auch Mist, sagen Sie sich und haben wieder ein paar Euro mehr im Monat.

Konto für nix

Ein kostenloses Konto kann viel Wert sein – manchmal bis zu 50 Euro im Monat. Es gibt Sparkassen, die bieten bei einem regelmäßigen Zahlungseingang von 1.250 Euro im Monat zum Beispiel ein kostenloses Girokonto an. Und wenn Sie die 1.250 Euro nicht so ganz schaffen, dann verschieben Sie doch regelmäßig Beträge, so dass Sie das Limit erreichen und in den Genuss kommen. Junge Leute, Schüler, Studenten und Auszubildende erhalten generell von Banken und Sparkassen für eine gewisse Zeit ein kostenloses Konto. Man will Sie ja als Dauerkunden langfristig binden, vor allem später, wenn Sie mal richtig Geld verdienen. Sparen Sie also auch beim Konto richtig Geld.

© 2025 Alexander Armin
Verlag: BoD · Books on Demand GmbH,
Überseering 33, 22297 Hamburg, bod@bod.de
Druck: Libri Plureos GmbH, Friedensallee 273,
22763 Hamburg
ISBN: 978-3-7693-8746-9

Schlusswort

Man kann wirklich ohne Moos ganz gut leben. Der Spruch „Niemand hat etwas zu verschenken" gilt nicht mehr. Jede Menge liegt auf der Straße. Man darf sich nur nicht zu schade dafür sein, es auch aufzuheben. Wenn man selbst dafür zu bequem ist, ja dann hilft auch dieses Ebook nicht mehr. Sie wissen aber jetzt, wie es geht. Reden Sie mit Freunden und Bekannten darüber, welche Möglichkeiten es heutzutage gibt, ganz gut auch ohne das dicke Geld zu leben. Vieles kann man umsonst bekommen. Es gibt eine ganze Menge abzustauben, Man muss es nur wissen und konsequent umsetzen.

Organisieren Sie sich sich doch vielleicht in „Schnorrer-Clubs", denn gemeinsam ist man ja bekanntlich stark – stärker jedenfalls, als der Einzelkämpfer. Veranstalten Sie „Umsonst-Parties" und tauschen Sie sich untereinander aus. Da erfahren Sie noch mehr. Und erreichen noch mehr für lau. Sie machen sich ein wunderschönes Leben, während die Anderen sich immer noch abschuften. Sie wissen nämlich, wie es geht. Sie haben zwar kein Moos, bei Ihnen ist aber trotzdem viel los. Mit diesem Ebook sind Sie weiter als alle anderen. Und Sie leben einfach besser.

Viel Erfolg!